'Ο αναμάρτητος υμών πρώτος τον λίθον βαλέτω'

Ὁ ἀναμάρτητος ὑμῶν πρῶτος τὸν λίθον βαλέτω·

. . . . .

아나마르테토스는
'죄의 유혹으로부터 완전히 자유로운 자'라는 뜻입니다

이 책의 탄생을 기뻐할 모든 이들에게
감사와 사랑을 드립니다.

완전한 자유
아나마르테토스

완전한 자유

아나마르테토스

초경 김유순

'Ὁ ἀναμάρτητος ὑμῶν
πρῶτος τὸν λίθον βαλέτω'

도서출판 **HIM**

프롤로그

할 말이 너무 많아 오히려 침묵할 때

꽃잎에 스며든 햇살처럼
가슴 깊이 울려오는 그대 목소리

고요를 깨우네

그것은
자 - 유

이천 십 삼년 칠월의 바람 부는 저녁에
초경 初更 김유순

차 례

Women in the Bible

프롤로그

1 | 하와의 노래 ·· 20
2 | 사라의 노래 ·· 26
3 | 향기로운 여인의 지혜를 노래함 - 리브가의 노래 ········· 32
4 | 라헬의 노래 ·· 38
5 | 다말의 고백 ·· 42
6 | 기생 라합의 노래 ·· 48
7 | 그 현숙함을 노래함 - 룻 ···································· 54
8 | 한나의 노래 ·· 60
9 | 아비가일의 고백 ··· 66
10 | 그 고뇌의 노래 - 밧세바 ··································· 70
11 | 그 한 맺힘의 고백 - 미갈 ·································· 76
12 | 시대적 페미니스트 - 왕비 와스디의 고백 ················ 82
13 | 왕비 에스더의 노래 ··· 88
14 | 술람미 여인의 노래 ··· 92
15 | 그 방황의 삶을 고백함 - 고멜 ····························· 96

차 례

New Testament
Women in the Bible

16 ㅣ 마리아	102
17 ㅣ 엘리사벳	106
18 ㅣ 향기로운 여인 - 마리아의 노래	112
19 ㅣ 간음한 여인의 침묵 - 아나마르테토스	118
20 ㅣ 그 절규 - 우물가에 선 여인의 노래	124
21 ㅣ 안나의 꿈	128
22 ㅣ 막달라 마리아	132
23 ㅣ 그 소망의 노래 - 혈루증 걸린 여인	136
24 ㅣ 수로보니게 여인의 절박한 호소	140
25 ㅣ 나인 성 여인의 눈물	146
26 ㅣ 암 아레츠 - 소외된 이들을 위한 다비다의 노래	150
27 ㅣ 자줏빛 비단에 싸여 있어도 - 루디아	154
28 ㅣ 죽음보다 더 큰 헌신으로 - 브리스길라	158
29 ㅣ 주님의 편지되어 - 뵈뵈	164
30 ㅣ 그 위선의 열매 - 삽비라	168
31 ㅣ 복된 여인 - 디모데의 어머니 유니게	174
32 ㅣ 유오디아의 항변 그리고 …	180

에필로그

Old Testament
Women in the Bible

하와의 노래
1

낙원에서의 나의 첫 아침은
내 사랑하는 이의
황홀한 사랑 노래로 시작 되었습니다

하와

잠든 아담의 갈빗대를 취하여 하나님이 창조하신 아름다운 여자 하와는 뱀 속에 들어간 사탄의 유혹에 빠져 하나님이 금지하신 선악과를 따먹고 에덴동산에서 추방당했습니다. 하지만 사랑과 공의를 동시에 행하신 하나님의 최고 선물 메시아, 그리스도의 언약을 소유함으로, 새생명을 얻고 '모든 산자의 어미'가 됩니다.

선악과 : 공허와 혼돈과 흑암을 가져와 하나님을 대적하고 사람 사이를 이간 할 사탄의 공격에 대한 경고로 에덴동산의 중앙에 두었던 하나님의 기억장치, 은혜계약

· · · · · ·

하와의 노래
—
1

기쁨으로 가득한 동산…, 그 곳은 원래 내가 태어난 곳입니다

정금과 진주가 흐르는 강불은 고귀한 향기로 온 땅을 적시고
비췻빛 푸른 하늘엔 새들의 노래가,
비옥한 갈색 땅에는 오색 빛 찬란한 꽃들의 향연이 흐드러졌고
스치는 바람결에 잠들지 않는 바다의 포말 위로는
은색 비늘을 반짝이는 물고기들이 뛰어 놀았습니다

낙원에서의 나의 첫 아침은
내 사랑하는 이의 황홀한 사랑 노래로 시작 되었습니다

'오, 아름다운 여인이여…,
그대는 내 뼈 중의 뼈요, 살 중의 살이로다'

그러던 어느 날, 영원으로 다가온 나의 행복은
내 속에 깊이 감추어진 욕망의 불씨로 인해
무너져 내리고 말았습니다

휘어지듯 유연한 몸매와 달콤한 혀로 유혹해오는
뱀의 목소리는 나의 그릇된 욕구를 부추겼고…,
난…, 벗은 몸의 수치와 에덴의 약속을 깨버린 두려움 때문에
어둠을 찾아 나를 숨겨야 했습니다

빛을 이기는 어둠은 없어

찬란한 후광으로 내 앞에 다가선 이의 음성이
날 선 검 같은 공의로 내 영혼을 압도해 오더니
죽음보다 더 큰 사랑,
죽기까지 나를 사랑하신 그 사랑으로 죽어야만 마땅했던
나를 살리셨네요

내 힘으로는 어찌할 수 없는 운명의 슬픈 유산
아직도 실낙원의 상처가 내 영혼을 찔러도

하와의 노래

기억 저편,
잃어버린 에덴을 찾아
오늘도 나의 메시아
나를 지으신 이
내 사랑, 나의 주
가슴에 품고 우러릅니다

....

'Ο αναμάρτητος υμών πρώτος τον λίθον βαλέτω'

사라의 노래
2

생명을 주시는 이, 그분을 만난 후
나의 아들 이삭이
이 땅에 태어나던 그 날은
온 천지가 향기로워
나의 쓴웃음은 미소로 변하고
회한으로 몸부림치던 내 마음은
환하게 밝아졌지요.

사라

사라는 믿음의 조상, 아브라함의 아내로서 그 아름다움으로 인해 생명을 잃을까 두려워하는 남편이 누이라고 속이는 바람에 이방의 왕에게 두 번이나 팔려가는 위기를 맞이하지만 여호와 하나님의 절대적 보호와 은혜 속에서 가는 곳마다 샘물이 솟아나는 근원적 축복과 일 년 농사로 백 년의 축복을 누리는 이삭을 낳고 열국의 어미가 됩니다.

· · · · · ·

사
라
의
노
래
―
2

유브라데의 작은 강줄기가 모여드는 갈대아 우르는
넘치는 강물만큼이나 사람들의 욕정이
도시 곳곳에 가득히 흘렀습니다

바벨의 거대한 신전에서는
이방신을 향한 음침한 주문이 끊이지 않고
풍요 속에 숨겨진 우상의 어둠이 온 땅을 내리눌렀던 그 땅을
내 남편 아브람과 홀연히 떠날 수 있었던 것은,

하늘 위의 영롱한 별무리들이
온 땅에 쏟아져 내렸던 어느 날 밤
알 수 없는 그 분의 부르심 때문이었습니다

미지의 땅, 가나안 헤브론에 이르기까지
기나긴 여정 속에서의 나의 삶은 빛 뒤에 그림자 드리워지듯
꼭 행복한 것만은 아니었습니다

가나안에 기근이 들어 애굽에 내려간 그때
두려움에 떨고 있는 남편을 뒤로 한 채
바로의 궁전에 불려 갔던 그 밤의 수치심이나,
이방나라 왕의 침실에서
또다시 재연되는 그 밤의 고통은
오히려 썩어질 육신 덩어리
아리따움에 대한 집착을 벗어버리고,
알 수 없었던 그분…,
천지의 주인이시라는 그분의 숨결이
조금 더 가까이 느껴져 왔으니, 웬일일까요

창대한 민족의 어미가 되리라는 약속의 날은
덧없이 흘러가고
경수가 끊어진 내 몸은 차돌처럼 굳어져 가는데,
언약 주신 그분은 침묵하셨습니다

봄날의 가지마다 물 차 오르듯이
내 여종 하갈의 싱싱한 체취가 날로 그 향내를 더 할 때
내 남편은 그녀의 태에서 아들을 생산 했습니다

사라의 노래

기쁨 뒤에 감추어진 나의 그 헛헛한 마음을
어찌 말로 표현할 수 있겠습니까…

받아들여야 하는 현실은 더욱 냉혹해져서
아기에게 젖을 물릴 때마다 방자해지는 여종의 태도는
어둠이 내려앉은 장막 한구석으로 나를 밀어내어
미움과 질투의 울부짖음으로 내 가슴을 후벼냈습니다

내 부르짖음이 마므레 상수리나무 숲에 메아리칠 때
그분은 나에게 다가와 말씀하셨습니다

'여호와께서 능치 못할 일이 있겠느냐'

생명을 주시는 이, 그분을 만난 후
내 아들 이삭이 이 땅에 태어나던 그 날은
온 천지가 향기로워
나의 쓴웃음은 미소로 변하고
회한으로 몸부림치던 내 마음은
환하게 밝아졌지요

닫혀진 나의 태문을 은혜로 여신 이
미쁘신 그분의 호흡이

내 안에서 감미롭게 힘을 불어넣을 때
겸하여 들려온 그분의 음성…,

내 사랑하는 독자, 내 생명과도 같은 분신을
모리아 산의 희생 제물로 드리라 하는…,
그분의 단호한 음성 앞에서도 나는 오히려 의연하였습니다

생명을 주신 이, 생명을 거두시며
약속하신 이, 신실하심을 믿었기 때문입니다

고독하게 사흘 길을 걸어갈 나의 사랑하는 남편,
그를 위해서 오직 기도할 뿐 이었습니다

여호와 이레의 땅, 그분이 준비하신
그 땅에서 일어난 부활의 기억은 잊을 수 없습니다
포도 향기 그윽한 헤브론에서
내 영혼을 그분께 맡길 그날까지…

사라의 노래

리브가의 노래 — 3

향기로운 여인의 지혜를 노래함

나그네가 이끄는 대로
브엘 라해로이에 이르렀을때
붉게 타는 색으로 저무는 태양을 등에 지고
나를 향해 다가오는 젊은이…,
그를 보는 순간, 태양보다 더 붉음으로
내 가슴은 타오르고
축복의 노래 내 마음에 향기가 되어
들판에 흩뿌려졌습니다

리브가

아브라함의 명을 받고 아들, 이삭의 아내를 택하러 간 종을 만난 리브가 어머니 사라를 잃은 슬픔을 안고 기도하며 기다리던 이삭을 조우하던 광경입니다.

이후, 리브가는 에서와 야곱을 낳아 하나님의 명령대로 작은아들 야곱을 도와 언약의 계승자로 세웁니다.

· · · · · ·

리브가의 노래 — 3 　향기로운 여인의 지혜를 노래함

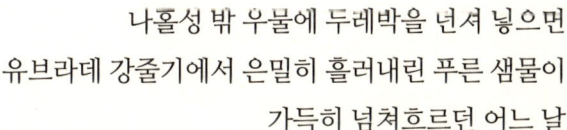

나홀성 밖 우물에 두레박을 넌져 넣으면
유브라데 강줄기에서 은밀히 흘러내린 푸른 샘물이
가득히 넘쳐흐르던 어느 날

부드러운 손길로 여행에 지친 약대들의 굽은 등 쓰다듬을 때
길어올려진 시원한 물로 마른 목 축이던
나그네의 눈빛이 유독 빛남으로
내 사랑 만나는 이야기는 시작됩니다

나그네가 이끄는 대로, 브엘 라해로이에 이르렀을 때
붉게 타는 색으로 저무는 태양을 등에 지고
나를 향해 다가오는 젊은이…

그를 보는 순간, 태양보다 더 붉음으로
내 가슴은 타오르고
축복의 노래 내 마음에 향기가 되어
들판에 흩뿌려졌습니다

하이얀 베일 드리워, 상기되어 피어오르는 뺨
수줍게 감추어 보지만…, 아아, 내 사랑
슬픈 눈으로 다가와 진지하게 기도하는 그의 모습 앞에서
내 영혼에 흘러넘치는 긍휼과 사랑을
어찌 감출 수 있겠습니까

태초에 하와가 누렸던 그 에덴의 꿈은
사라의 장막에서
그와 나누던 사랑으로 향기롭게 무르익어갔습니다

이십 년의 긴 기다림으로 내 태중엔 두 나라가 섰으니
큰 자가 어린 자를 섬기리라는 여호와의 음성 앞에
무릎 꿇어 순종함으로

리브가의 노래

내 사랑하는 이, 잠시 기만하였다하나
내 영혼 사로잡은 주의 언약을,
그대, 아직도 기억한다면…
용서하시겠지요…

가나안 땅 마므레에 내 한 몸 누이기까지
난 그날을 잊지 못할 겁니다
내 사랑, 내게 다가오던 그 들판의 석양 너머로
잔잔히 들려오던 주님의 음성

'너는 천만인의 어미가 되어
네 씨로 원수의 성문을 얻게 할 지어다'

'Ο αναμάρτητος υμών πρώτος τον λίθον βαλέτω·

라헬의 고백

4

칠 년이 하루 같은 기다림으로
나를 사랑하는 이
긴 여로를 홀로 걸은 외로움에,
어깨를 들썩이며 통곡하던
그이를 안고
한 맺힌 그리움 함께 나눔으로
우리의 사랑은 깊이를 더했습니다

라헬

형 에서의 장자권을 빼앗아 도망치던 고독한 야곱은 아름다운 라헬을 우물가에서
만나 칠 년을 하루같이 사랑합니다.

● ● ● ● ● ●

라헬의 고백 — 4

싱그러운 풀 빛 향내 그득한 그 날도…
난 양떼들을 앞세워 우물로 향했습니다
오랜 세월이 지난 그 때까지도 전설처럼 전해오는
아름다운 이야기는
두레박 가득 넘치는 청아한 샘물빛 만큼이나 여전합니다

내 아버지의 아리따운 누이에게 찾아온 우물가 사랑 이야기…
오랜 세월 가슴에 소망으로 묻어둔 터입니다

칠 년이 하루 같은 기다림으로 나를 사랑하는 이
긴 여로를 홀로 걸은 외로움에

어깨를 들썩이며 통곡하던 그이를 안고
한 맺힌 그리움 함께 나눔으로
우리의 사랑은 깊이를 더했습니다

가시가 있음으로 장미의 아름다움이 더 하듯이
슬픔 있음으로 우리의 사랑은 빛날 것이지만
칠 년을 기다려 온 첫 날 밤의 환희가 어둠으로 무너져 내리고
태문을 닫으신 여호와의 낯을 뵈올 수 없어
짓누르는 회한과 타오르는 시기심으로 인해
내 뼈는 쇠하였습니다

합환채로 남편을 팔았던 그 밤의 고통으로 부르짖을 때
여호와는 들으시고 내 부끄러움을 거두셨으니
준수하고 아담한 내 아들이 내 기쁨이 되었습니다

이제, 나는 먼 길을 떠나
내 사랑하는 이의 고향을 향해 갈 터입니다
내 아버지의 오만함을 미워하여 드라빔을 훔친 것은
아직도 간담이 서늘한 기억이지만
언약의 땅, 벧엘을 지나 에브랏에 이르기까지
폭풍 후의 고요함 같은 평화가 내 가슴에 스며들었습니다
마치 예견된 죽음처럼….

라헬의 고백

다 말의 고백
5

오랜만에 거울 앞에 섰습니다

칙칙한 과부의 옷을 벗어 던졌습니다
불타오르는 빛깔의 베일을 골라
윤기 흐르는 긴 머리채를 부드럽게 감싸고
상기되어 붉어진 뺨을 깊숙이 가린 후
여전히 선이 고운 내 모습을
가만히 들여다봅니다

다말

다말은 유다의 장자 엘의 아내였으나 패역한 남편들로 인하여 후사를 얻지 못했습니다. 그러나 유다의 계보에서 메시아가 나리라는 언약을 지키기 위해 창녀로 위장하여 시아버지 유다를 유혹한 후 다윗왕의 10대조인 베레스를 낳았습니다

· · · · · ·

다 말의 고백
―
5

오랜만에 거울 앞에 섰습니다

칙칙한 과부의 옷을 벗어 던졌습니다
불타오르는 빛깔의 베일을 골라
윤기 흐르는 긴 머리채를 부드럽게 감싸고
상기되어 붉어진 뺨을 깊숙이 가린 후
여전히 선이 고운 내 모습을 가만히 들여다봅니다

험난한 시간들을 지나왔지만
백합처럼 순결한 영혼을 지닐 수 있었던 것은
오직 여호와, 그분의 약속을 품었기에…

술에 버무려져 살았던 첫 남편과 함께 했던
그 고통의 순간들도
오직 애욕에 묶여
내 육체만을 탐하는 두 번째 남편의 곁에서
밤새 떨어야 했던 그 치욕과 상실의 순간들도 이제는
마치 정화된 불순물처럼 깨끗이 승화되어
오직 내 영혼에 아름다움을 더 할 뿐입니다

이제, 딤나로 가렵니다

푸른 잔디 무성한 그 곳에서
양치기들의 흥겨운 노래가 울려 퍼지고
보송보송한 양무리들이
털을 깎으려는 목동들 앞에 줄지어 설 때
난…, 에나임 성문에 앉아

내 시아비를 기다려 유혹하려 합니다
천하에 용서받지 못할 패역한 여인이라 하실 건가요…
천륜을 어긴 더러운 여인,
불에 살라 죽여 마땅하거나
돌에 맞아 죽임 당함이 너무나 당연한 창녀라고 비난하실 건가요…

다말의 고백

하지만, 내 영혼의 깊은 곳에서
뇌성처럼 울려 퍼지는 주님의 음성은

'유다의 홀에서 왕이 나리라'

내게, 이 땅에서 살아야 할 이유를 주신 그분의 언약을
어찌 저버릴 수 있겠습니까

내 태 안에서 왕의 씨가 잉태되어
메시아 오실 그 길이 열려질 때
날 비난하던 무리들은 노래할 것입니다

'그녀가 옳도다.'

Ο, αναμάρτητος υμών πρώτος τον λίθον βαλέτω·

기생 라합의 노래
6

내 사랑하는 이와의 언약대로
곱고 질긴 세모시에,
핏빛 물들여 만든 붉은 줄 고이 엮어
종려나무 푸른 잎 싱그러운 창가에
길게 길게 드리운 터입니다

내 사랑, 나를 향해 달려올 그날을 위해서입니다

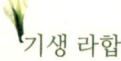
기생 라합

여호수아가 보낸 여리고 성의 정탐꾼 중 하나인 살몬은 기생 라합에 의해 목숨을 구한 후, 여리고 성 함락 이후 그녀와 결혼하여 보아스를 낳고 다윗 왕을 후손으로 두어 예수 그리스도의 족보에 오릅니다. 라합은 살몬과 언약을 맺은 대로 창밖에 붉은 줄을 내려뜨림으로 여리고성이 함락되었을 때 온 가문이 구원을 받습니다.

살몬 : '그늘'이라는 뜻
붉은 줄 : 예수그리스도의 십자가 보혈을 의미

· · · · ·

기생 라합의 노래 — 6

나는 사랑에 빠졌습니다

아카시아 향기 그윽한 싯딤 골짜기에서 바람처럼 나타난 그이는
상수리나무 같은 강한 팔에
백향목 같이 늘씬한 키를 한 젊은이입니다

죽음을 넘나드는 사랑으로
우리의 사랑 시작된 것은
짙푸른 야자나무들 사이로 붉게 물든 태양이
여리고의 견고한 성벽을 타고 어둠을 향해 내려앉는데
흑진주 빛 그늘을 양 뺨에 드리운 그이가

불현듯 손 내밀어 왔던 바로 그 날입니다

지붕 밑 방에서 은밀히 나누었던 사랑이야기…
삼나무 말리는 풋풋한 향기가
저 멀리 지중해에서 불어오는 바닷바람과 어우러져
온 방에 스며들 때
그이가 들려준 상천하지에 한 분이신
여호와 하나님의 이야기는
죄악으로 관영한 이 여리고 땅을 능히 정복하실
내 하나님이시며
비천하게 살아온 내 삶에 새로운 시작을 주시고
내 부모 형제를 구원하실 주님이심을…

홍해를 단 번에 가르시고, 척박한 광야에서 물을 내신
전능자임을 찬미하는 것으로 시작되었습니다

죽음보다 더 큰 사랑을 보여주실 메시아
그 가슴 떨리는 구원의 소식을 들으며
나는 그이의 강인한 품속에 얼굴을 묻었습니다
온 여리고를 단숨에 무너뜨릴 듯이 그이의 심장이 뛸 때
우리는…,
다시 만날 그 날이 멀지 않았음을
침묵으로 서로에게 다짐했습니다

기
생
라
합

나는 오늘도
비탄과 외로움으로 가득했던 내 삶에

푸근한 그늘이 되어줄 그이를 기다리며
높은 성대에 올라 요단 저편을 바라봅니다

내 사랑하는 이와의 언약대로
곱고 질긴 세모시에
핏빛 물들여 만든 붉은 줄 고이 엮어
종려나무 푸른 잎 싱그러운 창가에
길게 길게 드리운 터입니다

내 사랑, 나를 향해 달려올 그 날을 위해서 입니다

Ὁ ἀναμάρτητος ὑμῶν πρῶτος τὸν λίθον βαλέτω·

. . . . .

룻 — 7

그 현숙함을 노래함

나는 지금
어머니의 사랑 담아 손수 발라주신 나드 향유로,
비단처럼 부드러워진 내 살 내음이
그이가 덮은 이불자락 밑으로 스며드는 이 때,
그이의 평온한 숨결이
별빛을 타고 음악처럼 들려오는 이곳에서

나를 향해 돌아누울 그이를 기다리고 있습니다

룻

이스라엘의 기근으로 인해 모압으로 내려간 나오미는 남편과 두 아들을 잃은 채, 이방인 며느리 룻과 함께 고향으로 돌아와서 그녀의 친족이며 유력한 귀족, 보아스와 룻을 혼인하게 함으로써 다윗 왕의 계보에 오릅니다.

● ● ● ● ● ●

룻 7 그 현숙함을 노래함

쏟아질 듯 영롱한 별무리들이 뛰는 가슴에 내려앉습니다
우윳빛 은하수들이 밤하늘을 휘도는데…
나는 지금
아무도 모르게
사랑하는 이의 발치에 살짝이 누워
보리이삭 영근 내음 속에서 잠든 그이를 바라봅니다

살랑이며 불어오는 바람결에 행여 그이 깨어나면
무어라 말할까, 수없이 입속으로 연습해 보지만
여전히 가슴은 어린 새처럼 파닥이네요…

높고 낮은 언덕을 따라
양 무리들이 줄지어 서 있던
내 고향 모압을 떠나던 그날
어릴 적, 바다 넘어 흘러가는 구름을 친구 삼아
양몰이 나갔던 기억들이랑
파리하게 죽어가는 남편의 모습을
그저 지켜 보아야했던 그 슬픈 순간까지도
가슴 한켠 깊이깊이 묻어둔 터입니다

홍해를 가르고 광야를 건너
여리고를 단숨에 무너뜨리신 여호와 하나님
그 하나님이 계신다는 내 어머니의 고향 베들레헴은
내겐 그저 미지의 땅일 뿐이었습니다

하지만, 상실과 고독을 안고 외로이 먼 길 떠날
내 남편의 어미를 홀로 보내드릴 수는 없어
길고 머나먼 길 걷고 또 걸어야 하는, 또 하나
내 인생 여정이 시작된 것입니다
어머니의 백성이 내 백성이 되고
어머니의 하나님이 내 하나님이 되시며
죽음이 우리를 갈라놓기 전에는, 나는…
어머니를 결코 떠날 수 없었기 때문입니다

룻

작은 언덕을 따라 오밀조밀 무리 진 마을마다
익어 가는 밀 내음 보리 내음으로 가득한 이 곳
올리브 나무 싱그러운 구릉들 사이로
포도 열매 풍성히 맺는 베들레헴에서
나는, 내 사랑하는 이를 만났습니다

보리이삭을 주우러 나왔던 그 첫날의 기억은
고향을 떠났던 그날보다도 더 두려웠습니다
이방에서 온 조그만 여인,
마라의 쓴 물처럼 짙은 고통을 안고
가난한 무리에 어설피 끼어
흩어진 보리 낱알 주워담는 손끝은
둥지를 떠난 작은 새처럼 두려움에 떨었습니다
휘어질 듯, 가녀린 허리 펴며 추스릴 때
문득 들려온 그이의 목소리는
지친 내 영혼에 쉼을 주었습니다

'여호와의 날개 아래 보호를 받으러 온 소녀여
네게 온전한 상이 있으리라'

그래서…, 나는 지금
어머니의 사랑 담아 손수 발라주신 나드 향유로

비단처럼 부드러워진 내 살 내음이
그이가 덮은 이불자락 밑으로 스며드는 이 때,
그이의 평온한 숨결이
별빛을 타고 음악처럼 들려오는 이곳에서

나를 향해 돌아누울 그이를 기다리고 있습니다

이제, 곤한 몸 돌이키며 내 사랑하는 이가 깨어날 때
인자와 긍휼로 가득한 그의 얼굴 바라보며
내 할 말은 이것입니다

'나는 당신의 시녀, 룻이오니
당신의 옷자락으로 나를 덮어 안으소서
당신은 우리의 기업을 이어
이스라엘에 생기를 불어넣으실 분이십니다'

룻

한
나
의
노
래
—
8

애끓는 그리움 가슴에 묻고
내가 부를 노래는 이 뿐입니다

'내 마음이 여호와를 인하여 화창하며
내 뿔이 여호와를 인하여 높아졌나이다
여호와를 대적하는 자는
산산이 깨어질 것이로다'

한나

아들이 없던 한나는, 첩 브닌나의 격동함으로 인해 괴로워 기도하던 중, 하나님의 말씀을 업신여기는 패역한 시대의 문제를 보는 영적인 눈이 열림으로써, 올바른 기도의 응답으로 아들 사무엘을 얻어 모세 이후, 이스라엘의 대선지자로 키웁니다.

사무엘은 미스바 대성회를 통해 우상을 타파하고 영적 각성을 일으켰을 뿐 아니라, 다윗 왕을 기름 부어 왕으로 세웁니다.

· · · · · ·

한
나
의
노
래
―
8

내가 포도주에 취했다구요…,
아닙니다
내 영혼의 깊은 슬픔 토해낼 곳은
오직 평상의 주님 계신 이 실로 땅
이곳에서 날이 새도록 울음 울어
얼굴은 붉어지고
아뢰올 말씀 하냥 끝이 없어
소리 없는 통곡으로 읊조릴 뿐입니다

내 비록 열 아들도 부럽지 않을 남편 사랑 받고 있으나
나는 마음이 슬픈 여자입니다

용사의 활은 꺾이고
가난한 자들이 진토에 앉았으며
빈궁한 자들이 거름더미에 묻혔고
소년들은 패역하여 회막문의 여인들과 동침하며
여호와의 예물을 업신여겨 발로 밟아
제사장은 눈이 어두워 여호와를 보지 못하고
귀가 어두워 그분의 음성을 듣지 못할 것이니
풍성한 언약 따라 여호와의 나라 세울 이
누구입니까

수태치 못하는 나의 태문 속히 여시어
꺼져가는 심지에 불빛 더하시고
꺾여진 갈대 일으켜 세울
약속의 아들 허락하실
여호와의 그날을 기다릴 뿐입니다

그분의 이름으로 아들 주시면
이제 막 젖살 오른 우윳빛 얼굴 위에
삭도 대지 않은 검은 머리채 흘러내릴 때
고운 세마포 에봇으로 감싸 안고
주님의 전에 올라, 내 아들 드릴 터입니다

한나의 노래

애끓는 그리움 가슴에 묻고 내가 부를 노래는 이 뿐입니다

'내 마음이 여호와를 인하여 화창하며
내 뿔이 여호와를 인하여 높아졌나이다
여호와를 대적하는 자는 산산이 깨어질 것이로다'

......

Ὁ ἀναμάρτητος ὑμῶν πρῶτος τὸν λίθον βαλέτω·

아비가일의 고백
9

여기, 내 주의 분노를 잠재울
떡과 무화과 있으니
포도주로 마른 목축이시고
건포도로 힘을 돋우시어
물맷돌 던지듯 원수를 던지실 여호와로 인해
노하지도 마시고 슬퍼하지도 마옵시며
왕으로 서실 그날,
이 여인을 기억하소서

아비가일

부유하나 난폭한 남편 나발의 아내였던 아비가일은, 남편의 고집과 인색함으로 인해, 다윗을 격노케 하여 온 집안에 위기를 맞이하지만, 지혜와 아름다움과 상냥한 말로 가문의 생명을 구하고 후일 다윗왕의 아내가 됩니다.

나발 : '어리석은 자'라는 뜻

· · · · · ·

아비가일의 고백

나귀들의 발굽 밑으로 흙먼지 풀썩 일어나고
깊숙하고 은밀하게 놓여진 바윗돌 사이로 스산한 바람이
바란 광야를 스쳐 지날 때 나나
자르르 흘러내린 베일 한끝이 파르르 떨리는 것은
저만치 다가오는 사백여 장정들의 발소리 때문도 아니요
밤낮 우리를 서늘케 했던 내 주의 날선 검 때문이 아니라

사울은 천천이요 다윗은 만만이니
내 주께서 여호와의 싸움을 싸우심이요
내 주의 일생에서 악한 일을 찾을 수 없음입니다

말 그대로 미련한 이,
내 남편과 내 집의 남자들을 살리소서
그의 광포함과 인색함은
내 총명한 눈빛을 보지 못하고
날마다 울리는 주악 소리에
내 상냥한 목소리 듣지 못하며
왕이나 베풀 잔치 배설하여, 술에 절어 만취한 몸은
내 단정한 용모 얻지 못하니
어찌 그의 완고함과 어리석음으로
여호와의 생명싸개 속에 깊숙이 싸여진
내 주를 뵈올 수 있사오리까

여기, 내 주의 분노를 잠재울 떡과 무화과 있으니
포도주로 마른 목축이시고 건포도로 힘을 돋우시어
물맷돌 던지듯 원수를 던지실 여호와로 인해
노하지도 마시고 슬퍼하지도 마옵시며
왕으로 서실 그날, 이 여인을 기억하소서

그리하면
유랑의 들, 황량한 광야, 기약 없이 헤매던
내 주의 피곤한 발 고이고이 씻기겠나이다

아비가일의 고백

밧세바 — 10

그 고뇌의 노래

나를 비난하는 시선들의 이해를 구하기엔
내 죄가 너무 크지만
나는 알고 있습니다

주홍빛 같은 내 영혼이라 할지라도
주님 앞에 서는 그 날,
순백의 영혼으로 승화 될 것을

밧세바

밧세바는 다윗왕과 사랑에 빠져 충성된 용사였던 남편 우리야의 억울한 죽음을 묵인한 채 왕비가 되지만 불륜으로 잉태한 첫 아들을 잃은 후, 눈물로 회개하고 지혜로운 왕 솔로몬을 낳습니다.

· · · · · ·

밧세바 10

그 고뇌의 노래

살렘의 저녁은 종려나무 잎 사이로 슬프게 드리워집니다

나드향 그윽한 목욕물에 온몸을 담그니
터질 것 같은 여인의 욕낭은
그리움과 회한
내 자신도 알 수 없는 사랑과 증오로 타오릅니다

랍바의 전투가 군대의 함성으로 치열해질 때
장대한 용사 내 남편은
탐욕으로 가득한 부자 앞에서
가난한 주인을 둔 양처럼 엎드러졌습니다

이제 나는 어찌해야 합니까

궁정의 지붕 길에서
황금 빛 옷자락을 나부끼며 나를 부르던
그이와의 만남이,
밤을 지새우는 고통이 되어
그저 웅크리고만 있기엔
이미…, 내 사랑이 너무 커졌습니다

비파와 수금으로 함께 주를 찬양할 때면
내 영혼은 사랑담은 멜로디 되어 하늘로 오르고
침상이 젖도록 주의 목전에서 그이가 목 놓아 울 때면
간음한 내 육체가 정결한 샘물로 씻겨지는 듯합니다

나를 비난하는 시선들의 이해를 구하기엔
내 죄가 너무 크지만
나는 알고 있습니다

주홍빛 같은 내 영혼이라 할지라도
주님 앞에 서는 그날, 순백의 영혼으로 승화될 것을

존귀와 권세로 질기게 짠 세마포와 자색 옷을 입히고

밧
세
바

진주 보다 더 한 값으로 내 영혼을 현숙하게 하여
벙어리와 고독한 자의 송사를 위하여 입을 열며
고통 받는 이에게 손을 펴고
궁핍한 자를 위하여 부지런한 손으로
아름다운 방석을 짓는
지혜로운 여인으로 거듭나게 하실 이
오직 주님이심을
나는…, 압니다

Ο, αναμάρτητος ὑμῶν πρῶτος τον λίθον βαλέτω·

. . . . .

미갈 — 11

그 한 맺힘의 고백

헤브론의 젊은 여인들이
향수 내음 풍기며
내 사랑하는 이의 품에 기댈 때
내 마음 갈갈이 찢기었음을 누가 알겠습니까

미갈

아버지 사울 왕에 의해 다윗과 정략 결혼한 미갈은 다윗을 사랑하였으나 정치적 희생양이 되어 갈림 땅의 발디엘과 다시 결혼합니다. 칠 년여가 지나서야 다윗 또한 정치적 전략에 따라 미갈을 찾아오지만 여성 편력이 심한 다윗의 일부다처주의로 괴로워하던 중 여호와의 궤 앞에서 즐거워 뛰노는 다윗 왕을 멸시함으로써 주의 심판을 받습니다

· · · · · ·

미갈 — 11   그 한 맺힘의 노래

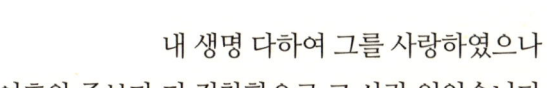

내 생명 다하여 그를 사랑하였으나
여호와 주보다 더 집착함으로 그 사랑 잃었습니다

비록 블레셋 남자들의 양피 이백에 팔린 몸이니
내가 그를 사랑하였으므로
이 한 목숨 하찮이 여겼음은
그도 압니다

인생들의 추악한 힘겨루기에서
난…
힘없이 이방 남자의 품으로 밀려나야 했건만

내 사랑, 나를 외면함으로
돌무더기 척박한 갈림땅에서
칠 년 반 동안 마음속 칼을 갈았습니다

헤브론의 젊은 여인들이 향수 내음 풍기며
내 사랑하는 이의 품에 기댈 때
내 마음 갈갈이 찢기었음을
누가 알겠습니까

비파와 수금이 노래하고
새 수레의 경쾌한 바퀴 소리가 다윗 성을 울릴 때
여호와의 구원이 내게 임하였으나
아아…
여호와 주를 바라보기엔
사랑보다 더 큰 질투와 미움으로
멸시의 벽을 쌓아버린 터입니다

에봇을 흩날리며
나팔 소리에 맞춰 흥겨운 춤을 추는 내 사랑

어찌, 이 땅에 하나님과 같은 이 있을까 마는
나는 참을 수 없어

미갈

그의 가슴에 비수를 던졌습니다

그를 향해 단죄의 칼을 던질 때
나를 향한 여호와의 심판이
나를…
외로움의 나락으로 깊이 깊이 밀어 넣었습니다

'Ο αναμάρτητος πρώτος τον λίθον βαλέτω'

. . . . .

시대적 페미니스트 12

왕비 와스디의 고백

나는
한 남자의 허영과 야망의 아성 속에
힘없이 가두어진 인형 같은 존재로
한 생애 덧없이 사는 것을 감히 거부합니다

와스디

페르시아 왕국의 왕비 와스디는 주흥에 취해 연회석에 나오도록 명령한 왕의 무례한 행동에 반기를 듦으로써 왕비의 자리에서 폐위되었고, 이후 왕후가 된 에스더를 통해 유대민족은 멸절의 위기에서 벗어나게 됩니다.

와스디: '아름다운 여자'라는 뜻

· · · · · ·

시대적 페미니스트 12
왕비 와스디의 고백

나는
한 남자의 허영과 야망의 아성 속에
힘없이 가두어진 인형 같은 존재로
한 생애 덧없이 사는 것을 감히 거부합니다

그가 비록
페르시아의 제왕이어도
백 스물일곱 지방을 호령 하나로 다스리며
장수와 방백들과 귀족들을 날 선 검으로
굴종시킨다하여도…

금실로 수놓은 백색 녹색 청색 휘장이
대리석 기둥으로 늘어지고
화반석 운모석 위에 금빛 의자를 진설하여
황금빛 잔 가득히 향기로운 술 넘쳐흐르는
사치스런 부요로
이 세상 모든 이를 무릎 꿇게 한다 하여도

그의 손에 들리워진 금홀 하나로
내 마음을 감히 움직이려 한다면
큰 착각입니다
얼굴만 아름다워 내 이름이 와스디라 생각하나요…

내 가슴 깊숙이 감추어진
절개와 열정을 읽지 못하는 왕이라면
일개 길거리의 뭇 사내들과 무에 그리 다를 게 있겠습니까

나는 지금…
마음 가득 타오르는 모욕과 진노의 불길 속에
왕비의 보석들로 감추어진 위선의 면류관을
기꺼이 벗어던지려 합니다

왕비 와스디의 고백

만일
유대 사람들이 말하는 신이라는 존재가 있다면
내 삶의 진정한 의미를 묻고 싶습니다

그들의 신은 어디있나요

Ο αναμάρτητος πρώτος τον λίθον βαλέτω·

. . . .

왕비 에스더의 노래
13

죽으면 죽으리이다

에스더

페르시아의 아하수에로 왕 시대의 아름다운 왕비 에스더는, 당대 권력자인 하만에게 절하지 않은 사촌 모르드개와 온 유대 백성이 대량학살의 위기에 처해있었을 때, 담대한 믿음과 금식 기도로 민족을 구했을 뿐 아니라, 뛰어난 지혜와 아름다움으로 오히려 원수를 진멸합니다.

에스더 : '샛별'이라는 뜻

· · · · · ·

왕비 에스더의 노래 — 13

황금 빛 베일이 야윈 뺨으로 흘러내리고
아라비아산 발삼 나무 향기 그윽했던 온 몸이
사흘 밤낮 끊은 곡기로
자르르 흐르던 빛, 잃고 말았지만
오히려
내 영혼은 페르시아의 샛별처럼 빛을 냅니다

내 주의 백성들이 굵은 베옷 입고 통곡하니
레바논의 향나무
샤데의 남보석
터어키의 옥구슬

에디오피아 상아로 지어진 왕의 집이
내 집인들
무슨 소용 있으리이까

비록 왕의 홀이 나를 부르지 않아
내 한목숨 스러진다 하여도

내 주의 백성들이 재를 거두고
오십 규빗 되는 원수의 나무 앞에서
내 주의 사심을 볼 수 있다면
……, ……
죽으면 죽으리이다

왕비 에스더의 노래

술람미 여인의 노래 14

어린 사슴처럼 어서 달려와
왕의 침실로 날 데려가 주세요

술람미 여인

솔로몬 왕은 술람미 여인을 사랑했습니다
예수님이 우리를 사랑하시되, 끝까지 사랑하시듯.

· · · · · ·

술람미 여인의 노래
14

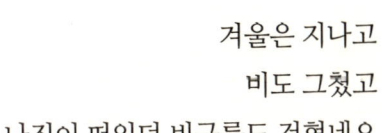

겨울은 지나고
비도 그쳤고
나직이 떠있던 비구름도 걷혔네요

나의 임, 내 사랑하는 왕이시여
꽃피고 새들 노래하며
포도나무에는 새순이 돋으니
포도꽃 향기 날릴 그날을 위해
포도원을 허는 작은 여우를 잡아주세요

임이여, 내 사랑하는 이여
우리 함께 들로 달려가
동산으로 불어오는 향기를 즐겨요
나도 풀, 석류꽃, 창포와 계수나무, 온갖 향나무…
임의 옷자락 흔들릴 때 마다
내 마음, 즐거이 춤을 추노니

어린 사슴처럼 어서 달려와
왕의 침실로 날 데려가 주세요

사랑하는 이는 나에게 속하였고
나는 사랑하는 이에게 속하였으니…

어서 빨리 달려와
건포도로 힘을 돋우고
푸른 사과로 마음을 시원케 하여
왼팔로는 내 머리를 고이시고
오른팔로는 나를 감싸 안아주세요

숨 막힐 듯…, 임의 향기로운 입술로
나에게 입 맞춰 줘요

술람미 여인의 노래

고멜 — 15

그 방황의 삶을 고백함

지면을 적시는 봄비 같이
열매에 물기 더하는 가을비 같이
그는 내게 다가와 손을 내민다

고멜

유목문화가 농경문화로 전환되는 시점에서의 이스라엘은 바알이 풍요신이라고 착각하여 숭배함으로써, 신전에서 혼음을 일삼는 영적 간음에 빠집니다. 이때 타락한 고멜을 아내로 맞이하여 영원한 사랑과 인애를 보여준 호세아 선지자는, 곧 우리를 향한 예수님의 사랑을 의미합니다.

· · · · · ·

고멜 — 15
그 방황의 삶을 고백함

나는 이제 그의 아내가 아니며
그는 이제 내 남편이 아니다

나의 젖가슴에서 음행의 자취를 지우려하지만

금과 은으로 바알의 우상을 만들어
이방신의 뜰에서 술에 취하고
귀고리와 목걸이로 몸단장하여
정부와 놀아나던 내 육체는
사막처럼 메마르고 갈라져서
마침내 목이 타 죽음에 이르려한다

내 족속 이스라엘은 활이 꺾이고
들짐승들이 무화과 열매를 따 먹어버린다

그를 사랑하는 내 마음은
아침 안개 같아서
덧없이 스러지는 이슬 같으니
오늘도 정부들이 던져주는 모시옷으로
내 벗은 몸 감추려하나
부끄러운 곳 오히려 드러날 뿐이다

바알을 불러 호소하였어도
타락한 제사장의 품에서 이 한 몸 불살랐어도
이스라엘 성문의 빗장은 오히려 부서졌구나

이제 그에게로 돌아가자
내 몸 이미 찢기었으나
그가 다시 싸매어 주리라

지면을 적시는 봄비 같이
열매에 물기 더하는 가을비 같이
그는 내게 다가와 손을 내민다

이제 그는 나를 사흘 만에 일으켜 세우리니
내 나무에서 가지들이 새로 뻗고
올리브 나무처럼 아름다워지리라

고
멜

New Testament
Women in the Bible

마리아
16

마리아…
그 이름만으로 충분히 아름답다

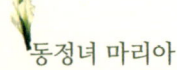

동정녀 마리아

동정녀 마리아는 창세기 3장 15절에 기록된 원시복음을 시작으로 구약의 선지자들이
예언했던 메시아 구원의 주, 여인의 후손으로 이 땅에 오신 예수 그리스도를 낳습니다.

· · · · · ·

마리아
16

마리아…
그 이름만으로 충분히 아름답다

길릴리 해변 가난한 동네
순결한 처녀의 정결한 가슴에
천사의 목소리로
생명의 소식은 전해졌다

이방을 비추는 빛으로
이스라엘의 영광으로
수수 천 년의 시간을 넘어

오시겠다 약속하신 이

비천함을 돌아보아 복이 있다 하시고
교만한 자를 흩으사
두려워하는 자들에게 긍휼을 베푸시리라

어느 날인가
날카로운 칼이 그녀의 가슴을 찔러
피 묻은 옷자락으로
사랑하는 이 감싸 안을 그날
천상의 소리 들려오리니

' 마리아여
너는 여인 중에 복 되도다'

마
리
아

엘리사벳

17

오만한 자들의 앞에서
내 부끄러움을 없게 하신 그날
정의는 강 같이 흐르고
공의는 꽃처럼 피어났습니다
주께서 내 태문을 악인의 앞에서 여시고
경수가 끊어져 메마른 내 가슴에
은혜의 생수를 부으셨습니다

엘리사벳

제사장 사가랴의 아내 엘리사벳은 인생의 말년에, 예수님의 사촌으로서 육 개월 먼저 태어나 메시아의 길을 예비하는 세례요한을 낳게 됩니다.

세례요한 : '여호와는 은혜로우시다'라는 뜻

· · · · · ·

엘리사벳
―
17

가문 좋고
믿음 좋은 내 인생이
사람들 앞에서는 초라하기 그지없었습니다

주님은 오직 침묵하신 채
오래고 오랜 세월
내 태문을 굳게굳게 닫으셨습니다

사람들이 머리를 흔들며 비아냥거립니다

- 네 남편이 성소에서 분향하는 제사장인데
남들이 다 누리는 후손도 없느냐 -

- 하나님인들 다 알 수가 있으랴
가장 높으시다고 무엇이든 할 수 있으랴 -

마음이 정직하고
영혼이 순결하면
선을 베푸시는 주님이신데…

거만한 자들이 마음에 기대한 것 보다 더 얻으며
악의에 찬 말을 쏘아붙이는 자들이
신세가 편해 보일 때
하마터면 그들을 시샘하여 미끄러져 넘어질 뻔 했지만
주께서 나를 돌아보아
주의 교훈으로 내 길을 인도하셨습니다

오만한 자들의 앞에서 내 부끄러움을 없게 하신 그날
정의는 강 같이 흐르고
공의는 꽃처럼 피어났습니다
주께서 내 태문을 악인의 앞에서 여시고
경수가 끊어져 메마른 내 가슴에
은혜의 생수를 부으셨습니다

바로 지금…

엘리사벳

가만히 귀 기울여 보십시오

내 깊고 깊은 태안에서
기쁨으로 뛰노는 생명의 탄성이 들리시나요…

빈들에서 외치는 자의 소리입니다

Ο αναμάρτητος πρώτος τον λίθον βαλέτω·

향기로운 여인 18 — 마리아의 노래

당신의 머리 위에 향유 부어
온 누리가 나드 향으로
그윽할 때

정조만큼이나 소중한 머리카락 풀어
당신의 발 씻기렵니다

마리아

베다니의 아름다운 여인 마리아는 예수님의 머리에 향유를 부어 메시아로 오신 예수님을 인정하는 무언의 고백을 함으로써 그녀의 행한 일이 영원토록 기념되리라는 예수님의 칭찬을 들었습니다.

· · · · · ·

향기로운 여인 — 18

마리아의 노래

황량한 유대 벌판의 끝자락
아침 햇살 그윽한 산 밑으로
살구나무 감람나무 어우러진 작은 마을

베다니에
예수님이 오신다

광야를 건너 먼지 자욱한 당신의 신들메 풀어
피곤한 발 쉬게 하리니
내 사랑하는 이여
어서 오소서

당신의 가슴에 기대이면
생명의 숨결이 사망을 이기고
당신의 발밑에 엎드리면
시냇물처럼 흐르는 겸손의 노래
내 가슴에 적시어 오리니

당신의 머리 위에 향유 부어
온 누리가 나드 향으로 그윽할 때

정조만큼이나 소중한 머리카락 풀어
당신의 발 씻기렵니다

단번에 옥합 깨뜨림은

죽음보다 더 큰 사랑으로
온 세상 사랑함에 비할 수 없지만
당신이 오르실 골고다 언덕길
함께 오르고픈 약속이오니

내 사랑하는 이여
어서 오소서

마리아의 노래

당신을 향한 사랑으로 인하여
내 영혼이 향기로우니

당신이 머무실 그 자리마다
내 노래 부르렵니다

'Ο αναμάρτητος υμών πρώτος τον λίθον βαλέτω'

간음한 여인의 침묵 — 아나 마르테토스
19

말없이 고개를 떨구신 채
땅 위에 글 쓰시는 예수님의 어깨 너머로
영원할 것처럼 눈부시게 햇살이
부서집니다

간음한 여인

간음한 여인을 이용하여 자신을 시험하려 했던 유대인, 바리새인, 서기관들의 위선 앞에서 침묵하셨던 주님.

냉혹한 율법을 사랑으로 뛰어넘은 예수님의 심판이 명쾌합니다.

· · · · · ·

간음한 여인의 침묵 — 19

아나 마르테토스

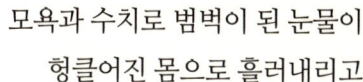

모욕과 수치로 범벅이 된 눈물이
헝클어진 몸으로 흘러내리고

나를 향해 거머쥔
날카로운 돌멩이들이
날 선 쇳덩이 되어
찢어진 가슴을 향해
야수처럼 떼 지어 달려오는데
……, ……
……, ……

나의 주님도
내 영혼도
침묵하였습니다

흙먼지 일어나는 땅 바닥에
얼굴을 대고
저항 없이 죽음을 기다리는 어둠의 길목에서

말없이 고개를 떨구신 채
땅 위에 글 쓰시는 예수님의 어깨 너머로
눈부시게 햇살이 부서집니다.

'아나마르테토스……'

'너희 중에 아름다운 여인을 보고
한 번도 미혹되지 않은 자,
이 여인을 돌로 쳐라'

먼지바람 일으키며 무리들은 사라지고
슬며시 놓아버린 돌멩이들은 이리저리 어지러운데

간음한 여인의 침묵

침묵을 가르고 다가온 주님의 음성은
피멍든 내 가슴에 울림이 되어
죄로 묶인 내 영혼을 풀어 놓으시네요

'여인아, 나도 너를 정죄하지 않으리니
이후로 다시는 죄를 짓지 말라'

.....

'Ο αναμάρτητος υμών πρώτος τον λίθον βαλέτω'

우물가에 선 여인의 노래 — 그 절규 20

막힌 숨 터뜨릴
나의 주,
그의 목소리 들을 수만 있다면
이 따위 물동이 내어던지리

우물가에 선 여인

우물가에서 메시아를 기다리던 수가 성 여인은 예수님을 만난 후, 창녀로 살았던 오랜 방황을 끝내고 순교자의 삶을 살았습니다.

· · · · · ·

우물가에 선 여인의 노래 — 20

그 절규

저 멀리…
그리심 산봉우리에는 흰 구름이 아련히 둘리어 있고
여기
야곱의 우물엔 청아한 물 흐르지만
내 작은 몸엔
작열하는 대지가
헤집고 들어와 숨통을 끊을 듯하다

이 목마름이여

수가성
길목마다 내 육체 탐하고
때로는 유혹 속에 스스로 몸을 던져도
나는 오히려 목마르다

내 영혼 해갈할 나의 신은 어디 있는가
예루살렘…
그리심…
아니면, 여기인가
아니면, 저기인가

막힌 숨 터뜨릴 나의 주, 그의 목소리 들을 수만 있다면
이 까짓 물동이 내어던지리

영원히 목마르지 않을 샘물이여
비탄과 고뇌로 이리저리 갈라진 내 가슴을

어서 흘러내리라

우물가에 선 여인의 노래

안나의 꿈
21

내 주 오실 그날
홀로
기다려
기다려

빛바랜 베일 아래
상아 같던 목도 주름져오니
이제 내 본향으로 돌아가야 할까…

안나

안나는 7년간의 결혼 생활 후, 과부가 되어 84년 동안 메시아를 기다리며 성전에서 기도하고 헌신하던 중, 아기 예수를 품에 안는 축복을 누리게 됩니다.

· · · · · ·

안나의 꿈
21

여든네 해
오직 엎드려 기도하노라

일곱 해
아름다운 신부로 살고

내 주 오실 그날
홀로
기다려
기다려

빛바랜 베일 아래
상아 같던 목도 주름져오니
이제 내 본향으로 돌아가야 할까…

……, ……
어디선가 목동의 노래 들려온다

다윗의 별이 어둠을 비추는데
왕께서 나셨도다
왕께서 나셨도다

내 눈이 주의 구원을 보았으며
내 팔이 주를 둘러
나의 주를 내 품에 안았으니

나의 꿈, 주께서 이루셨노라

안나의 꿈

막달라 마리아
22

'내 주여 어디 계시온지요!'
그분의 십자가 무게 만큼이나
짓누르는 그리움에 슬프디 슬피 울었습니다

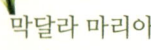
막달라 마리아

일곱 귀신에 시달려 극심한 고통 중에 있던 막달라 마리아는 예수님을 만나고, 예수 그리스도의 십자가 고통과 죽음과 부활 현장의 생생한 증인이 되어 여제자로서 사도의 삶을 당당히 살았습니다.

· · · · · ·

막달라 마리아
―
22

새벽빛이 어둠을 뚫고 내려앉는 아침
나는
주님을 찾아 나섰습니다

하지만
빈 무덤
그분의 수의만이
내 가슴을 흩어 놓았습니다

'내 주여 어디 계시온지요!'

그분의 십자가 무게 만큼이나
짓누르는 그리움에 슬프디 슬피 울었습니다

지진이 나고 돌이 구르며
주의 천사 찬란한 외침으로 세상을 깨운 그때
그분은 빛으로 다시 오셨습니다

'마리아야, 울지 말고 평안하여라'

아아, 내 주의 목소리

'너를 보내노니, 나 본 것을 가서 말하여라'

막달라 마리아

혈루증 걸린 여인 — 23

그 소망의 노래

이제 잃을 것도 뺏길 것도 없어
더 이상 사람들 무리 따윈 두렵지 않아
그들 모두다 날 부정하다 하여도
단 한 분
그분만은 날 의롭다하셔…

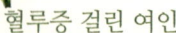
혈루증 걸린 여인

열두 해 동안 혈루증을 앓으며 의원에게 모든 것을 허비한 채, 유대 율법에 따라 부정한 존재로 취급을 받던 이 여인은, 믿음으로 예수님의 옷자락을 만지는 순간, 치유 받습니다.

· · · · · ·

혈루증 걸린 여인 — 23

그 소망의 노래

은백색 세마포에 손만 대어도
향그런 백합화 향기만 맡아도
내가 손댄 것 그 하나라도
부정하지 않은 것은 하나도 없단다

열두 해 피 흘리는 내 몸뚱이
작은 몸 하나로
큰 세상 버티기엔 너무나 버거워
그나마 가진 것 다 내놓았다

이제, 나는 세상을 향해 부르짖는다
나는 부정하다
나는 부정하다

나로 인해 세상이 부정한가
세상으로 인해
나, 부정해진 것인가

이제 잃을 것도 뺏길 것도 없어
더 이상 사람들 무리 따윈 두렵지 않아
그들 모두 다 날 부정하다 하여도
단 한 분
그분만은 날 의롭다하셔…

그분 옷자락에 손만 대어도
난
더 이상 내가 아니지

어서 빨리 달려가
그 분의 옷자락…

꽉 움켜 쥘 테야!

혈루증 여인

수로보니게 여인

그 절박한 호소

24

당신이 하실 수 있는 수많은 일들에 비해
내 딸 아이 고치는 것쯤이야
주인이 개들에게 부스러기 던지듯
그렇게 쉬운 일이 아니던가요…

수로보니게 여인

귀신들린 딸로 인해 고통 받던, 가나안 여인의 겸손하고 절박한 간구는 유대인뿐 아니라, 만인을 향한 예수님의 구원 계획을 시사하는 응답의 계기가 되었습니다.

· · · · · ·

수로보니게 여인 — 24 그 절박한 호소

내 딸 아이 베니게를 바라봐 주세요

요람을 흔들며 노래 부르던 그때
그 아이의 순결한 눈빛을 기억한다면
지금의 내 마음이 헤아려지겠지요

사랑스런 내 아이는 어디로 가고
흉악히 귀신들려 소리 지르며
일그러진 얼굴로 뛰어 다니고

물속에도 불속에도 제멋대로 뛰어드니
······, ······
사랑스런 내 아이를 돌려주세요

사람들은 다중인격이라 수군대면서
내 아이 속에 또 한 아이가 들어 있다 하네요

오, 주님
나의 주여, 도와주세요
당신만이 하실 수 있음을 저는 압니다

'자녀에게 줄 떡을 개들에게 던질 수 없으시다구요?'

주여, 옳습니다마는

당신이 하실 수 있는 수많은 일들에 비해
내 딸 아이 고치는 것쯤이야
주인이 개들에게 부스러기 던지듯
그렇게 쉬운 일이 아니던가요…

수
로
보
니
게
여
인

주님
당신의 발아래 엎드리오니

바알에게 무릎 꿇던
이방여인에게도
더러운 악신 들린 내 아이에게도
당신의 구원이 머무름을
당신의 자비가 머무름을

어서
어서
보여 주세요

'Ο αναμάρτητος υμών πρῶτος τον λίθον βαλέτω'

. . . . .

나인성 여인의 눈물

25

애곡하는 무리 속에
해처럼 다가와
내 아들 이름 부르시니

당신은 누구십니까

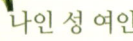
나인 성 여인

아름다운 성 나인에서 아들을 잃고 슬퍼하는 과부에게 예수님은 찾아가시어 '청년아, 일어나라'는 말씀으로 그의 아들을 살리십니다.

나인 : '기쁨'이라는 뜻

· · · · ·

나인성 여인의 눈물
25

울지 말라
울지 말라

저 멀리 모레 Moreh 언덕 아래로
잣나무 상수리나무가 어우러져
어두운 그늘을 드리우고
새들마저 노래 부르기를 멈추어버린
이 나인성에서

내 사랑하는 독자
내 아들
내 젊은 아들이

이 비천한 과부의 살아야 할 이유마저
송두리째 안고
마지막 숨을 거두었는데

울지 말라 하시는
당신은 누구십니까

울다 지쳐 말라비틀어진 가슴 한켠에
살아도 죽은 것 같은 나의 마음 깊은 곳에
내 아들 깊이깊이 묻고 돌아오려는데…

애곡하는 무리 속에
해처럼 다가와
내 아들 이름 부르시니

당신은 누구십니까

나인 성 여인의 눈물

암 아 레 츠 — 26

소외된 이들 위한 다비다의 노래

나는
천상의 소리 선명하게 들었다
'다비다야…, 일어나라'

다비다

다비다는 암 - 아레츠 즉 하나님의 은총을 받지 못한 땅의 백성이라 하여 멸시받았던 과부들을 위해 자신의 기능인 바느질로 헌신하고 사랑을 나누어 줌으로써 이 땅에서 부활을 경험한 여제자가 되었습니다.

· · · · · ·

암 아레츠 26 — 소외된 이들 위한 다비다의 노래

아아, 눈부셔라…

멀리 욥바 항의 뱃고동 소리
창가에 드리워진 야자나무 잎사귀
한데 어우러져
다락방 창틈으로 스며드는데
여인들의 흐느낌은 탄성으로 바뀌고

나는
천상의 소리 선명하게 들었다

'다비다야…, 일어나라'

귀를 열어 가난한 이, 신음 소리 들었더니
이제, 주의 음성 메아리 되어
나에게 돌아오는가

등잔불 밤늦도록 잦아들어도
한 땀 한 땀 바느질 멈추지 않았더니
가난한 이들 애곡이 내 마음속 노래되어
내 생명 다시 한 번 살릴 줄이야

세상은 눈부셔

암 아레츠…
비천한 백성들도 사랑하는 이
내 주께서 하늘에 계셔
부활의 빛으로 비추이시니

다비다의 노래

루디아 ― 27 　자줏빛 비단에 싸여 있어도

사람들이 말하는 이 세상의 온갖 화려함도
내 작은 가슴 하나 채우지 못하니
하나님…
살아계시면 내게 오소서

루디아

당대 최고의 명품 사업가로서, 하나님을 공경하였으나, 하나님의 비밀, 그리스도를 몰라 공허했던 루디아는 기도처를 찾아 강가에 나가 있던 전도자 바울을 만나, 예수 그리스도에 대한 참된 복음을 듣고 사도바울을 자신의 집에 초대하여 빌립보 교회라는 최초의 가정교회를 탄생시켰으며 그곳은 바울의 2차 전도여행을 성공으로 이끈 유럽 최고의 선교거점이 되었습니다

· · · · · ·

루디아 — 27
자줏빛 비단에 싸여있어도

내 마음 아직도 채워지지 않아
풍요 속의 빈곤이라 서러움을 토하면
배고픔의 서러움을 몰라서라고 하는군요

하지만 내 마음 깊은 곳 그 누가 헤아리겠습니까

내 손끝을 따라 흘러내린 자줏빛 비단이
성막의 휘장에 엄숙하게 드리워지고
로마 왕녀들의 간드러진 몸매를 화려하게 휘감아도
내 마음 한구석은
경건하지도 화사하지도 않은 것은 왜입니까

사람들이 말하는 이 세상의 온갖 화려함도

내 작은 가슴 하나 채우지 못하니
하나님…
살아계시면 내게 오소서
내가 부르짖어 당신의 임재를 그리워함을
당신도 아시나이다

내 빈자리 채울 당신은
나의 하나님
날 자유케 할 진리이시며
나를 살리실 생명이시고
영원토록 나의 삶, 평강으로 인도할 참된 길이어야 함을
나는 압니다

내 마음 문 활짝 열어
내 빈자리 채우시고
내 집에 유하시어
당신의 뜻 따라 살게 하소서

……, ……
……, ……
나는 오늘도 갠자이트 강가를 따라
하나님…
가슴으로 부르며 걷습니다

루디아

브리스길라 — 28

죽음보다 더 큰 헌신으로

낮은 자를 사랑하되 내 몸같이 사랑하고
전도자를 돕되 목이라도 내놓을 만큼 귀히 여기며
주님을 따르되
온 열방이 당신의 소원을 이룰 그날까지
당신이 가라시면 땅 끝까지 가겠습니다

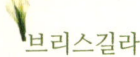
브리스길라

로마 상류층 여인이었던 브리스길라는 유대 남자 아굴라와 결혼하여 로마에서 살다가 클라우디우스 황제의 유대인 추방령으로 인해 고린도로 쫓겨나지만, 전도자 바울을 그 곳에서 만나 이방의 모든 교회와 사도바울의 가장 아름다운 동역자가 되었습니다.

· · · · · ·

브리스길라 — 28

죽음보다 더 큰 헌신으로

어찌하여 주님은 이 타락한 땅으로 나를 보내셨습니까

아프로디테 금 신상 아래
알몸을 드러낸 창녀들의 음란한 신음 소리가
스올의 골짜기처럼 음산한 이 항구에서
이제는 뺏겨버린
저 서쪽 바다 너머
내 고향 로마를
그리움으로 마냥 바라보았습니다

하오나 주께서 원하시면
이제는 여기서 또 하나 장막을 치고

뱃사람들의 질탕한 웃음소리
부자들의 발밑에 짓밟힌 노예들의 통곡소리
검투사들의 피 튀기는 비명소리 속에서

시온의 노래 부르렵니다

창기들에겐
막달라 마리아의 환희에 찬 노래를
뱃사람들에겐
갈릴리 어부들의 힘 있는 노래를
아아, 노예들에겐
요셉의 노래를 불러주겠습니다

죽음이 두려워 파리해진 저 검투사들에게는
주님이 예비하신 파라다이스를 노래하여
오만한 자들을 능히 딛고 일어설
진정한 용기를 심어주겠습니다

이제는 알겠습니다

브
리
스
길
라

나를 이 곳, 고린도에 보내신 이
주께서 무엇을 원하시는지…

낮은 자를 사랑하되 내 몸같이 사랑하고
전도자를 돕되 목이라도 내놓을 만큼 귀히 여기며
주님을 따르되
온 열방이 당신의 소원을 이룰 그날까지
당신이 가라시면 땅 끝까지 가겠습니다

나를 사랑하시되 끝까지 사랑하시고
죽음보다 더 큰 사랑으로 나를 사랑하신 이
나의 주님, 당신을 위해

....

Ο αναμάρτητος πρώτος τον λίθον βαλέτω.

주
님
의

편
지
되
어 — 뵈
　　　　뵈
29

나는 그저 주님의 편지

주께서 소인 찍어 세상에 날리시면
바람 부는 대로 햇살 머무는 대로
날아가 날아가 훨훨 날아가
한 장의 편지로 남겠습니다

뵈뵈

겐그레아 교회의 여집사 뵈뵈는 바울의 프로스타티스 즉, 경제적인 후원자로서 선교에
깊이 관여했을 뿐 아니라, 영성과 행정력, 인격적으로 깊은 신뢰를 얻어 바울의 서신을
로마에 전하는 중대한 일을 수행하였습니다.

· · · · · ·

주님의 편지되어 — 뵈뵈
29

나는 그리스도의 편지입니다

지중해 푸른 물결이
겐그레아 해안에 밀려와
지면을 적시고 밀려가듯이

내 마음은 어느새 편지되어
주께서 가라시는 척박한 땅으로
마른 바람 타고 날아갑니다

내 소유 모두가 주의 것이며
내 언어 모두가 주의 말 되어
내 살아가는 이유가 주님께 있으니

나는 그저 주님의 편지

주께서 소인 찍어 세상에 날리시면
바람 부는 대로
햇살 머무는 대로
날아가 날아가 훨훨 날아가
한 장의 편지로 남겠습니다

거대한 로마 땅 어느 한켠에
보잘 것 없으나 거룩한 씨로
겸손히 무릎 꿇은 주의 백성들
로마의 오만함에 겁내지 않고
타락한 문화 속에 순결함을 지키며
황량한 광야에서 화평을 누리니

그들에게 들려주는 기쁜 소식은
오직
그리스도의 편지입니다

삽비라 — 30

그 위선의 열매

아나니아와 삽비라, 너

감히 주님의 역사에 도전하지 말라
사도의 발 앞에 엎드러지리라

삽비라

삽비라는 초대교회 공동체를 분리시키는 사탄의 영을 받아 남편인 아나니아와 함께,
거짓과 위선이 가져오는 비참한 말로의 모델이 되었습니다

삽비라 : 유대이름으로 '사파이어' 즉 아름다운 보석을 의미

· · · · ·

삽
비
라 그
― 위
30 선
 의
 열
 매

태초에 옛 뱀의 감미로운 언어가 이브를 사로잡아
아름다운 에덴을 파괴하였듯
삽비라
이 여인의 위선이
참람한 죽음을 불렀다

사파이어처럼 푸르고 청초한 눈매로
긍휼을 말하고
빛나는 보석처럼 화려하게 치장하여
하나님의 사랑을 말하지만

생명 없는 보석처럼
가슴은 차가워

마음은 날 선 돌조각처럼
보이는 대로 닥치는 대로 상처를 만든다

삽비라
비극의 여인이여

눈썹을 그리고 머리를 꾸며
에훗을 유혹했던 이세벨의 교태가
창밖에 던져져
개들이 몰려와 시체를 덮쳤듯이

얼굴을 단장하여
사도를 기만했던 너의 가면도
가룟 유다가 묻혔던 피밭에
남편과 함께 장사되었으니

작은 골짜기 모여 큰 산을 이루고
작은이들 모여 강국을 이룰진대
너
하나님의 법칙을 가증이 여겼도다

삽
비
라

아담과 이브
아합왕과 이세벨
아나니아와 삽비라, 너

감히 주님의 역사에 도전하지 말라
사도의 발 앞에 엎드러지리라

'Ο αναμάρτητος υμών πρώτος τον λίθον βαλέτω'

복된 여인 — 31

디모데의 어머니 유니게

'아들아, 너에게 꿈을 주신 메시아가 오셨나니
기쁜 소식을 전하는 이의 발이 되거라'

유니게

전도자 바울이 생명처럼 사랑했던, 믿음 안에서 낳은 아들 디모데는 어릴 때부터 외할머니 로이스와 그의 어머니 유니게로부터 깊은 신앙을 물려받았습니다.

· · · · · ·

복된 여인 — 31

디모데의 어머니 유니게

복 되도다
나는 축복의 전달자

메말라 구릉진 땅, 루스드라에
먼지바람 일어도 외롭지 않고
남편 잃은 과부여도 두렵지 않지

무릎을 베개 삼아
아들 머리 누이고

'아들아, 들어보렴'

열두 살 이삭이 번제를 드려
광야에서 솟구치는 샘의 근원 되었고
열세 살 요셉이 꿈꾸는 자 되어
애굽을 살리는 총리가 되었나니
어린 목동 다윗은
여호와의 이름으로 왕이 되었구나

'아들아, 너에게 꿈을 주신 메시아가 오셨나니
기쁜 소식을 전하는 이의 발이 되거라'

빛 되어 어둠을 몰아내버리고
소금되어 부패함을 치유 하여라

경기하듯 주의 길을 질주 하거라
농부처럼 복음의 씨앗을 심고
군사되어 원수 앞에 당당히 맞서야 한다

아들아, 너도 아나니
나는 복된 여인

지혜로운 아들을 낳았으니
그로 인하여
내 영혼은 즐겁고도 화창하다

유
니
게

나는 복 되나니
주께서 내 이름 불러주신다

이 시대
언-약-의 - 계-승-자 라고

Ὁ ἀναμάρτητος πρῶτος τον λίθον βαλέτω·

유오디아의 항변 그리고…

32

어찌해야 하나…,
나는 옳고, 너는 그르다 훈계해 볼까
그저 모른 척 용서해 볼까
아니지, 용서는 주님 앞에서 해야지

유오디아

빌립보 교회의 창립 멤버로서 중요한 사역자였던 유오디아와 순두게의 분열이 교회를 혼란케 하자, 바울 사도는 그들을 바르게 교훈함으로써 하나 되게 하였습니다.

. . . . . .

유오디아의 항변 그리고…

내 친구 순두게를 사랑하지만
가끔은 도저히 이해 할 수 없네요

갠자이트 강가에서 서로 손을 맞잡고
우리 한 생애 주를 위해 살자며
너와 나, 영혼이 이제 하나 되자고

너는 없고 주님만 계시며
나는 없고 오직 그리스도만 계시니
…

척박한 빌립보, 그 마른 땅 들을
너와 나, 겨릿소 되어 함께 걸으며
기도와 헌신으로 기경하자던
우리의 다짐이 즐거웠건만
주님 안에 같은 마음 품지 못하고
너는 너
나는 나
우리의 분열은 교회를 흔들었으니

어찌해야 하나…
나는 옳고, 너는 그르다 훈계해 볼까
그저 모른 척 용서해 볼까
아니지, 용서는 주님 앞에서 해야지

나를 대속하신 주님 앞에서
씻겨진 내 허물 바라보노라니
아아, 내 친구 순두게는 오히려 순결한 것을
내 안에 주님이 거울 되시어
환하게 내 모습 보게 하시니
오직 드릴 기도는 이쁨이어라

유오디아의 항변

'주여, 나는 죽고 그리스도만 살아
순두게의 마음이 내 마음 되고
내 마음이 주님의 마음 되어
지난 날의 화평을 찾게 하소서
…
당신 안에서 하나 되게 하소서'

* * * * *

Ὁ ἀναμάρτητος πρῶτος τὸν λίθον βαλέτω·

에필로그

사랑을 택하면 공의가 노하고
공의를 택하면 사랑이 운다.

이 세상 그 누가…,
사랑과 공의,
동시에 행할까.

오직 한 분, 예수 그리스도.

If you choose love, law may flash in anger.
If you choose law, love may weep.
Who alone can bridge the two…?

Jesus Christ, only…

.....

Ὁ ἀναμάρτητος ὑμῶν πρῶτος τον λίθον βαλέτω·

그러므로 예수께서 자기를 믿은 유대인들에게 이르시되
'너희가 내 말에 거하면 참으로 내 제자가 되고
진리를 알지니 진리가 너희를 자유롭게 하리라'
요한복음 8장 31~32절

To the Jews who had believed him, Jesus said,
'If you hold to my teaching, you are really my disciples.
Then you will know the truth, and the truth will set you free.'
John 8 : 31~32

완전한 자유 아나마르테토스

지은이 | 초경 김유순

1판 1쇄 인쇄 - 2013년 8월 19일

발 행 처　도서출판 HIM
발 행 인　김서권
기　　획　이명석
디 자 인　진성현
편　　집　육후연
표지그림　김은혜
등록번호 - 제 321-2011-000102호
등록일자 - 2011년 5월 25일
137-074 서울시 서초구 서초4동 1687-2 서초중앙프라자 2F
Tel 02-594-9195, Fax 02-537-8772

ISBN 978-89-968481-4-1
값 10,000 원

이 도서의 국립중앙도서관 출판시도서목록(CIP)은 서지정보유통지원시스템 홈페이지(http://seoji.nl.go.kr)와
국가자료공동목록시스템(http://www.nl.go.kr/kolisnet)에서 이용하실 수 있습니다. CIP제어번호: CIP2013014263

Ὁ ἀναμάρτητος ὑμῶν πρῶτος τὸν λίθον βαλέτω·

......

‘Ο αναμάρτητος υμών πρώτος τον λίθον βαλέτω’ ······